Halloween

This book belongs to:

_____

_____

_____

Words search

Colouring

Find the match

Drawing the other half

Dot to dot

Mazes

Sudokus +

Solutions

Jokes

WORDS SEARCH OF HORROR

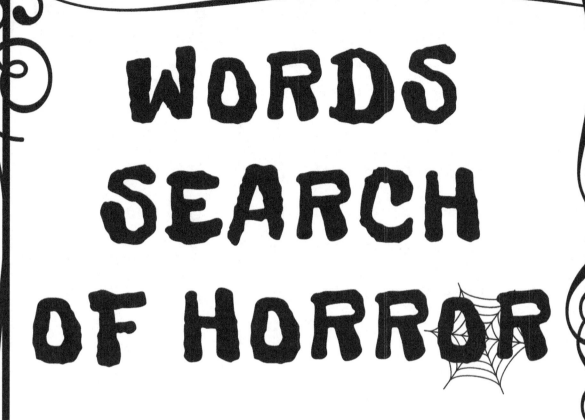

```
R Z X J Z H E I B K C D R H S
D Q I L E N G L U P P P U D O
M M M D Z S T K L P E W E T R
M V N I G M P S H I E P Z X C
C O N G T Y T N P E E N Y G I
R A B P N X I N I N L V R O È
Z P Q K I T O M B E M M J R R
S X Y N A Q C P Z H Z L C B E
R T A Z S V V G P I X D B B R
B V E K X A S N I S I O V W F
Z A G T M Z G W W W J L S X Y
E O L P E H G X V B H A D S E
F A I N H P I X T P E S G K D
C R U A X H X X V Y Z X H L A
E F L W I U I P X V D V R Q P
```

BOO!

HALLOWEEN

```
S  H  A  E  R  G  F  Q  O  R  O  Z  V  V  E
G  I  X  P  T  B  A  I  E  J  S  W  U  U  Q
O  A  N  M  U  W  U  B  Z  V  R  I  K  Z  B
B  A  Y  H  K  R  O  E  I  U  K  T  V  C  E
L  L  E  E  P  T  V  H  L  Y  Q  T  T  G  T
Y  U  P  R  C  L  A  N  Z  D  F  R  R  Y  Z
G  W  G  O  I  L  K  M  L  L  P  Q  O  N  B
F  A  D  N  T  P  E  Y  O  B  L  U  J  K  G
K  Q  C  H  I  V  M  A  S  T  Y  E  M  R  C
V  N  B  O  A  K  N  A  B  A  L  E  X  C  V
P  T  I  R  Y  S  L  G  V  E  T  N  V  U  R
E  R  G  G  K  O  O  P  S  H  M  N  S  F  G
Z  S  U  G  H  Y  Y  G  H  B  T  V  A  Q  G
U  V  V  M  D  T  Y  B  V  N  Z  A  O  F  N
Q  I  O  P  T  R  E  I  Q  V  A  D  G  N  F
```

FANTASY	GRAVE	KING
NIGHT	OCTOBER	QUEEN
SPOOK	VAMPIRE	

TRICK OR TREAT

R	F	X	H	S	A	Z	N	N	A	Q	K	F	Y	C
K	K	U	E	V	Z	A	P	P	L	E	E	T	A	B
J	V	S	E	F	J	M	A	R	J	T	I	N	S	L
K	J	A	G	T	S	G	Q	D	G	U	D	E	L	O
X	C	F	Q	T	A	T	L	V	S	Y	I	E	O	G
A	P	E	B	S	G	H	A	J	Y	D	B	K	O	G
R	X	T	A	O	K	W	B	O	O	R	B	C	H	T
J	N	Y	W	A	C	P	Z	O	O	O	T	M	A	O
Y	S	N	L	I	U	E	G	O	T	O	D	A	S	B
S	B	S	Y	U	F	G	D	M	B	L	G	S	Q	I
K	G	N	G	D	P	K	U	E	X	Z	Q	K	I	A
H	L	M	E	V	E	B	R	B	E	C	S	K	L	N
Z	H	T	X	T	T	X	M	K	J	C	O	R	I	R
Z	G	U	T	P	Z	D	U	N	J	A	B	K	E	X
L	K	M	D	X	C	O	S	T	U	M	E	P	Y	M

APPLE

CANDY

COSTUME

DOORBELL

GOODIES

GOWN

HAT

MASK

OCTOBER

SAFETY

HAUNTED HOUSE

```
V O V O F E N M R W V Q U N T
U O F V N P W P X Z V R U M N
Z I G A B A B T X G N U V H S
B U F K K S I T E H D Q P X L
T Q G S G R M P T D I S R Q X
I D L H Z T X F A X I W R V I
V G L Z O S N R W P U Y Y C G
O P Q B J S K X B J V G O A L
G D A Z A N T V F E L Q C H Z
F D U I E W I T C H W U X P I
V H B S N E E I P A W B J F M
R J S E T T M X P Y G K O D L
A Q H E K M I S R U G J N C G
N B N B R X L N X N B P H U M
Z U N A U I S Z G U C A Q U Y
```

COBWEB   **DARKNESS**   **DUST**
GHOST   **PAINTING**   **PIANO**
SLIME   **WITCH**

HALLOWEEN

H	F	X	U	J	O	G	N	U	D	G	T	X	I	T
W	I	M	S	I	R	B	T	J	T	O	S	Q	J	E
J	W	Z	Y	W	S	V	P	V	H	O	X	V	S	D
K	N	I	H	F	A	R	U	U	P	D	U	M	R	N
J	O	H	Z	R	D	K	K	O	F	I	E	R	E	O
O	J	X	E	A	X	D	S	A	Y	E	K	E	B	M
O	A	B	D	R	R	K	A	S	K	S	C	S	V	E
T	B	Y	R	O	G	D	U	G	O	A	Y	B	V	D
G	P	T	W	B	N	P	T	E	O	M	L	Q	V	M
G	S	K	E	L	D	A	U	G	P	D	V	W	O	L
O	D	G	M	B	C	U	M	T	S	A	D	I	O	Y
V	J	V	M	K	W	L	N	L	N	X	C	L	B	P
Z	P	T	X	S	R	S	A	H	H	Y	G	K	S	V
M	Q	G	A	U	R	Q	W	W	F	S	S	C	Q	D
A	D	S	K	B	C	P	S	H	Y	M	E	D	N	B

AUTUMN BAT CAPE

DEMON GOODIES OWL

SPOOKY WIZARD

HALLOWEEN

```
Y O Z T S M F B Q I M B M S R
U W X Z R P E V Z B K O V Z Q
J J R F M E C Q P A J H O U I
I I L R X J A X T H H M S R O
V L Z E K W P T A J R H V F B
X Z U U A Q G L S T X D A T V
A W A Y D V A V I M Q L C R C
Z L K X P C E H O A L D A I T
M Y V Y H O S D R R V N C L
R E K B J M I S S D F I D K T
T B D U Z V S U T G M R Y S H
C B V U I D Z D V U C X K O H
A J O P P E D I J L M V H T T
N T D E Y G L K C V E E E A M
S W Y G F A I N K T U F S E I
```

BROOM   **CANDY**   **COSTUMES**
FALL   **LEAVES**   **TREATS**
TRICKS

MONSTERS

```
M  T  A  Z  I  T  N  C  K  X  X  X  N  U  L
R  B  B  K  S  N  B  B  P  Y  X  B  A  K  Q
E  B  R  V  J  V  V  F  M  S  B  B  S  I  R
B  T  K  G  L  V  E  I  K  H  L  Z  D  P  J
Y  P  P  P  H  D  C  O  S  Q  F  L  M  T  Y
J  M  L  B  G  R  E  M  L  I  N  S  O  F  U
I  X  U  M  V  T  T  U  Z  H  B  Y  Z  R  H
P  S  P  I  D  E  R  S  E  Z  T  L  Y  Y  T
O  Q  W  S  I  S  I  F  Y  U  P  G  E  Z  G
Z  Y  G  R  T  Y  V  G  S  N  V  G  E  B  G
G  S  S  D  A  S  W  S  O  Q  R  J  V  P  F
N  D  K  Q  X  V  O  P  F  R  W  M  Y  K  Q
H  O  Y  X  C  P  J  H  N  C  B  J  H  U  J
F  T  J  C  R  V  M  N  G  T  I  Z  A  B  J
P  M  O  T  N  A  H  P  N  A  I  N  Q  J  K
```

GHOSTS   **GREMLINS**   **IGOR**
INVISIBLE   **PHANTOM**   **SPIDERS**
TROLLS

OCTOBER

```
Z M U I Z E S H A R V E S T W
G N Q X L S B O K W M N A F R
S H N W K P T A T I B A H F E
M W I U M J H B M H M V E M V
L E K H H C Z Q N A B Y Z R J
G F P Q I Y H S U L M F K U W
H N M I F V U X J L F K U I K
B Y U O J G T D N O T K N R X
X E P B P C G K E W J D M N E
A X Q N W H B S R E Y T R T B
H S F S T U E E E E Q K I H U
K N I A R A G J L N V O W X W
C M I D X H R D O R S H I P W
H D X K F G L V V N R Q Y U X
E X T K Y G U T O F U K N B H
```

HABITAT   **HALLOWEEN**   **HARVEST**
PUMPKIN   **RAIN**   **SEA**
SHIP   **WINDY**

OCTOBER

```
F D J W N T C D F I I T B H P
Y Q R I R R F X Q M M Q U J Q
V R R I O R U E Q I W N Y A E
A B C P O X Z O Z U U T C E J
L K S S V F C M V P L Z C U Q
A O T J C T G M C W A M H J N
C H G D O O Q Y Y V H T J F F
N X O B S L I T R E A T Y K D
A B E M T E T V V D G A A C G
P R O L U A X E J O L R M Y G
M Y E Z M V O G N Z K E W R T
E O B V E E S L E T S R H S V
D C D A S S J L Q D H I B H A
G H M O N Y T E J O U X O I Y
M P Z G E C T M S H Y U U T E
```

COSTUME   **CROPS**   **FROST**
LEAVES   **OCTOBER**   **TENTH**
TREAT   **TRICK**

MONSTERS

```
K A K U Q N H K P R A L L X D
T Q X S U Y R W L G N I V E D
P B P M N V P R H Q M W Z X T
K E E G K O R K I N G K O N G
S W X A G M T H W F W A B M Y
T X B P X T A E E O J Z K P Z
U F J B O A B Q L J C A I W Z
Z M A P V X I F G E A S B Y F
O H O J L T M J P X K G Q W L
M A N S G A I E F J U S I C E
B T X Y N D R A C U L A Y Q D
I A Q Q F G G Q X V K F C N L
E E R U T A E R C V I Z O S R
S U T A L L I Z D O G J Z X Q
D Q W T O O F G I B S D P W F
```

BIGFOOT   **CREATURE**   **DRACULA**
GODZILLA   **KINGKONG**   **SKELETONS**
WOLFMAN   **ZOMBIES**

TRICK OR TREAT

```
P  T  Y  Y  I  H  M  Z  Y  R  Q  U  A  Q  N
E  X  P  L  M  E  V  V  Y  A  G  Z  W  R  X
T  L  R  Q  S  M  F  S  N  C  W  W  K  Q  D
T  K  R  O  Q  K  U  I  U  I  T  J  H  C  F
S  G  W  H  N  H  E  Y  U  E  G  N  S  Y  J
E  H  E  J  B  U  A  L  D  L  Y  H  V  V  D
J  O  D  H  L  X  N  L  E  M  T  L  T  U  J
L  T  P  F  A  E  C  P  L  T  O  D  I  Q  C
A  B  V  R  C  J  U  A  R  O  O  J  L  T  F
O  S  U  E  K  M  G  R  V  R  W  N  Z  Z  H
E  D  F  K  C  B  J  V  M  E  W  E  X  O  J
X  I  C  F  A  K  U  S  T  B  I  W  E  D  Y
K  U  U  T  T  O  Y  P  N  H  G  S  X  N  J
C  H  O  S  Y  M  N  E  P  M  Z  R  M  H  L
H  N  O  C  H  C  G  O  B  L  I  N  W  D  I
```

BAT   **BLACK CAT**   **GOBLIN**
HALLOWEEN   **NIGHT**   **SKELETON**
WIG   **YUMMY**

HALLOWEEN

```
K N D I O O D F X R Q T R A J
N W N P J P L Z C S L G H L O
M M A S T R O N A U T J O F Y
B O E U P Z P F R P B T I W Y
R O Q A N I D T N Z C N K U N
S N B A K R K R O F H C T I P
J L Q Z P T Y D H S W Z R A A
G I G I I P W F S H Z S I O A
M T K N K K A E Y T B G S C E
P W Q N T P C R A U I B H N R
K R H E P N R Y I B Y X L E G
S J V M I H J I M T O E O V B
L G L R O L U H N E I V A R H
F P P V H Z I M H C I O S Y E
D I X B I Z A R R E E N N S H
```

APPARITION   ASTRONAUT   BIZARRE

GOWN   MOONLIT   PITCHFORK

PRINCE   PRINCESS

HALLOWEEN

```
T  U  Q  U  A  D  R  T  H  Y  E  B  M  Q  V
L  V  B  C  G  N  V  H  Y  N  R  O  E  I  C
R  M  W  O  C  E  G  R  W  I  O  O  N  Q  O
B  L  J  D  U  U  L  E  N  E  I  N  E  G  L
S  F  J  W  S  I  N  F  L  F  Y  Y  U  Y  B
G  O  K  U  B  L  V  U  Q  C  G  Y  U  G  W
F  D  Z  K  I  I  Q  R  Z  A  D  V  P  W  V
I  U  X  F  K  U  D  O  B  C  E  L  F  L  N
C  S  V  O  C  X  P  T  T  X  U  F  M  R  Y
G  H  U  Q  A  N  F  A  I  R  Y  N  K  Z  P
Z  Z  X  G  B  T  I  X  M  C  W  H  M  I  N
Y  E  G  L  M  E  I  A  A  O  H  P  J  O  W
G  Z  T  R  J  J  G  E  L  H  X  A  P  N  X
W  J  K  N  I  I  R  C  M  F  Q  I  T  H  S
E  I  P  D  C  T  W  V  W  J  O  B  L  H  V
```

ANGEL	BOO	CLOWN
ELF	FAIRY	GENIE
HAT	MAGIC	

HALLOWEEN

```
X  M  O  N  S  T  E  R  K  T  I  C  S  A  K
A  J  O  T  C  Q  D  T  Y  F  L  R  I  F  A
V  S  E  M  I  Q  V  B  L  X  E  E  G  A  R
U  T  E  X  O  N  Y  G  J  K  J  Q  H  H  V
R  V  R  G  C  S  C  R  E  A  M  C  T  Y  O
P  L  F  W  H  N  I  G  H  T  M  A  R  E  U
U  Y  Y  G  D  R  B  P  Y  N  E  T  U  E  W
A  T  S  Z  M  C  X  L  R  E  J  U  K  D  V
H  J  V  J  A  N  T  W  N  A  Z  B  Q  V  N
P  N  X  N  H  S  M  U  A  I  N  Y  H  Z  G
U  G  D  R  O  F  J  U  O  R  N  K  B  V  O
Q  Y  R  H  R  P  M  F  T  A  L  J  N  N  A
N  U  G  I  A  R  E  B  N  O  I  O  A  Y  T
W  B  P  J  K  W  Q  R  U  O  E  J  C  M  C
L  D  M  N  U  M  D  R  L  G  G  Z  Z  K  Y
```

CANDY   GHOSTLY   MONSTER
NIGHTMARE   NINJA   PRANK
SCREAM   WARLOCK

HALLOWEEN

```
I D M M E V A R L U Q E A T I
U S W P B E C C L H M I M N N
H Y U I H C H F U B K T U Q P
M J G P C L A Y K D D N T D W
G A Y C E K L S S D D O D D O
I I B M G R E O K Y T O X L X
V F C Q H D H D B E A M A V W
Z W L W Q W A E O X T P Z Z T
P P N J Y A E R R V E G K Q O
X O G P T R N S K O D B Z F A
M X U A X D N I X N J E P A T
J C D L D N J I G O E I P L P
R P C N R E T N A L Z S P L E
Q A S Q O B I R I M H Y S G N
P C Z A U E D D J R O L Q I P
```

CASKET   DARKNESS   FALL
LANTERN   MOON   SKULL
SUPERHERO   WICKED

HALLOWEEN

```
N A I E U F Q R S I R P U K R
B C V B N W C Z Z P U Q L D R
N R F Q A S S J L D O V P W O
Y G H T R E A T S A U T X D F
K Q N U B F V I N F Y F I I V
Y G A G E O V Y C N K R C O P
O U U Z Y D P W C O H I I R N
P K M Y Z O A H S C S G F A F
U Y O J J L P R T F K T L G F
M B C C K C C N E B U L U A D
S S O W Y V R O Q U O Y Z M W
Z U V K V M Y E W J Q Z W N E
I S B Q O D W F E B X S V N X
G K L R M K Y Y N P O L A S D
K W O D A H S W X B Y Y W M V
```

COSTUME   COWBOY   CREEPY

FAIRY   MASQUERADE   POTION

SHADOW   TREATS

HALLOWEEN

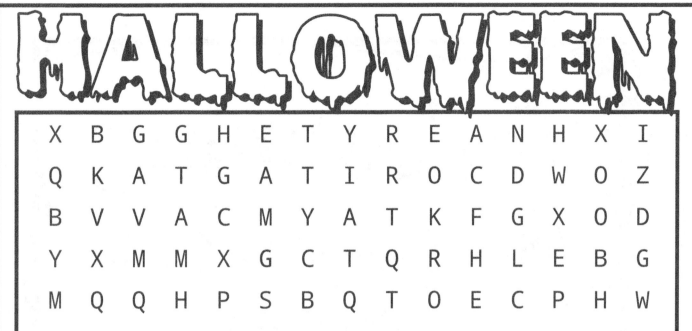

```
X B G G H E T Y R E A N H X I
Q K A T G A T I R O C D W O Z
B V V A C M Y A T K F G X O D
Y X M M X G C T Q R H L E B G
M Q Q H P S B Q T O E C P H W
U R L I V Y J F C P F A O F D
M Z X V G V J D H Z H S T K U
M R F C K M S D N M T O N E E
Y R O D M N Z Q X B M X M T S
Y H A L L O W E E N Z Y B A Q
L W Y K M Z B K F X V P G R Y
Y W K M F L E B D O W H O I R
I C K I N C T Q X D W F J P E
E T C R N L O O R U J L K Q C
V S F F W G S Y Q W Q V K B Z
```

GHOST
MUMMY
SCARE

HALLOWEEN
OWL
TREAT

KING
PIRATE

COLOR TEST PAGE

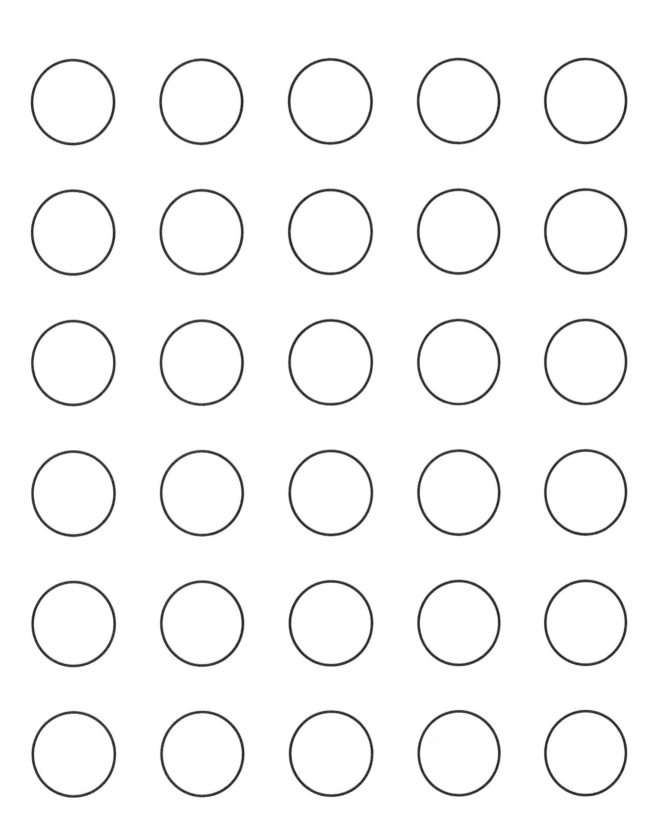

FIND THE MATCH

FIND THE MATCH

There are 2 pictures that are the same, the rest are different.
Circle, then color in the two that are the same.

FIND THE MATCH

There are 2 pictures that are the same, the rest are different.
Circle, then color in the two that are the same.

FIND THE MATCH

There are 2 pictures that are the same, the rest are different.
Circle, then color in the two that are the same.

FIND THE MATCH

There are 2 pictures that are the same, the rest are different. Circle, then color in the two that are the same.

FIND THE MATCH

There are 2 pictures that are the same, the rest are different.
Circle, then color in the two that are the same.

DRAWING
THE OTHER HALF

HALLOWEEN DRAWING PAGES

1- Complete the pictures below by drawing the other half.
2- Finish the picture by coloring it in.

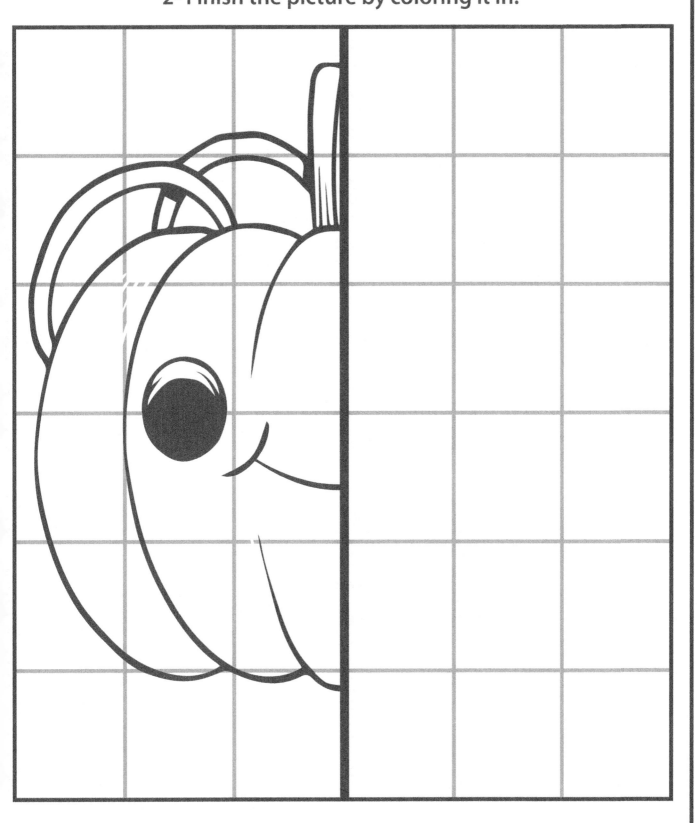

HALLOWEEN DRAWING PAGES

1- Complete the pictures below by drawing the other half.
2- Finish the picture by coloring it in.

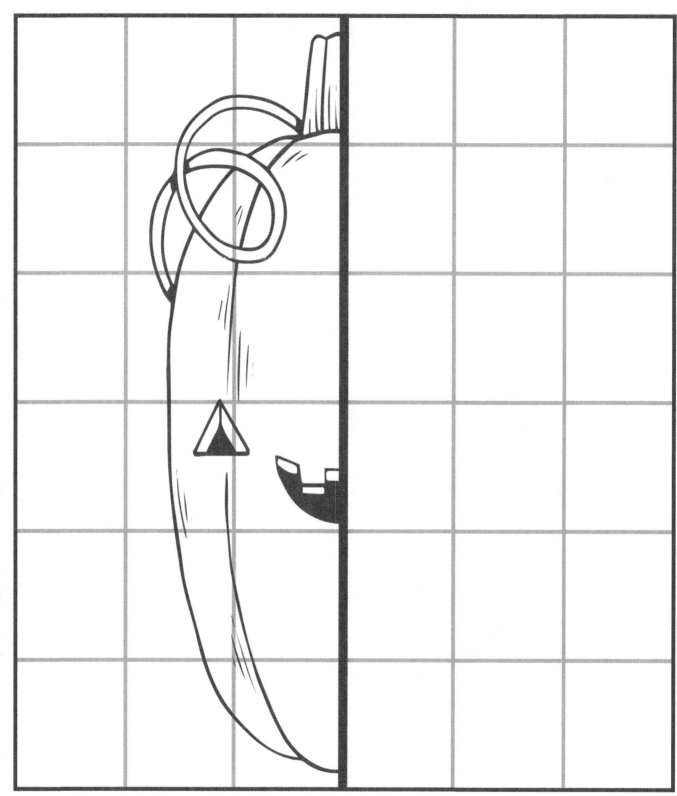

HALLOWEEN DRAWING PAGES

1- Complete the pictures below by drawing the other half.
2- Finish the picture by coloring it in.

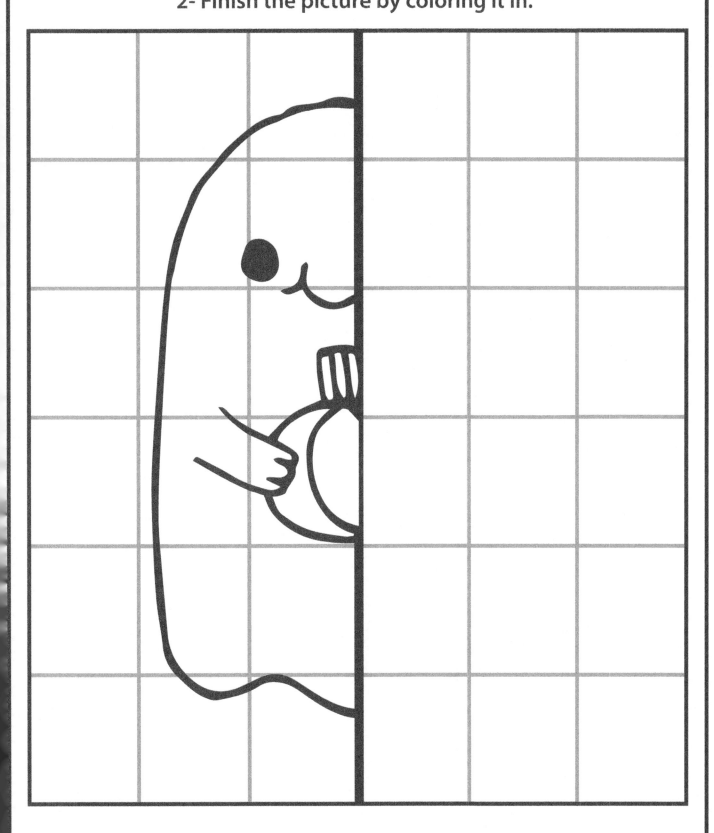

HALLOWEEN DRAWING PAGES

1- Complete the pictures below by drawing the other half.
2- Finish the picture by coloring it in.

HALLOWEEN DRAWING PAGES

1- Complete the pictures below by drawing the other half.
2- Finish the picture by coloring it in.

Dot to Dot

Boooo

2 3 4 5 6 7 8
9
10
11
12
13 14 15 16 17 18 19 20
21
22
23
28 27
29 26 24
30 25
31
32
33
34
35
36
37
38
39
40
41
42
43
44
45
46
47
48
49
50
51
52
53
54
55
56
57
58

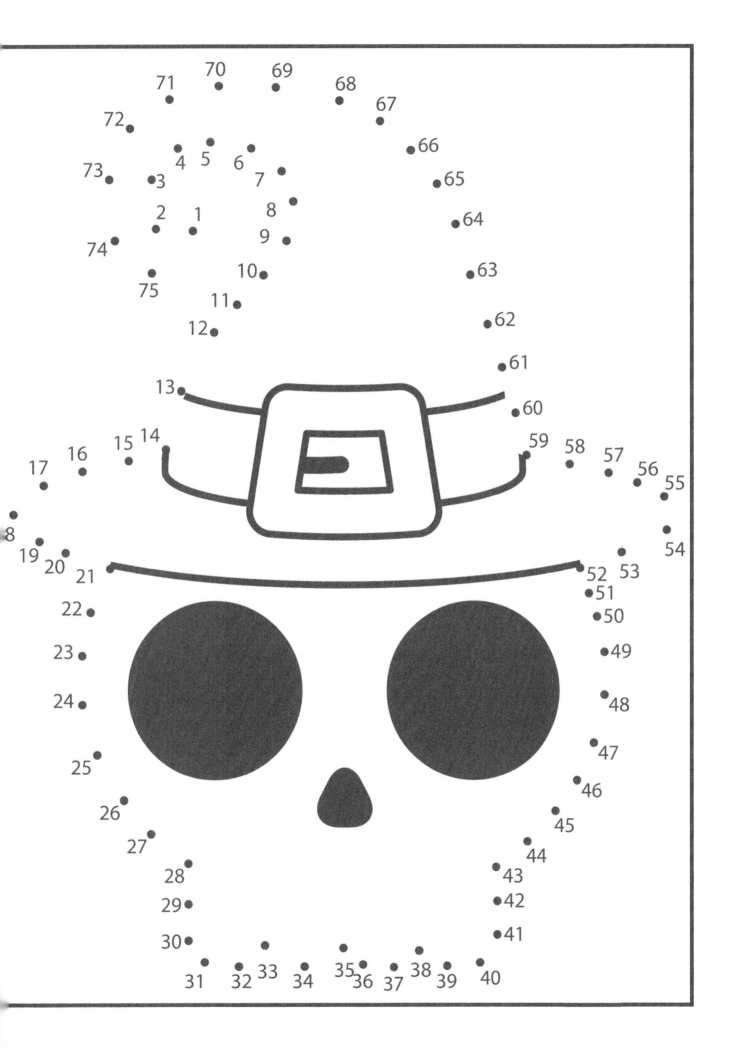

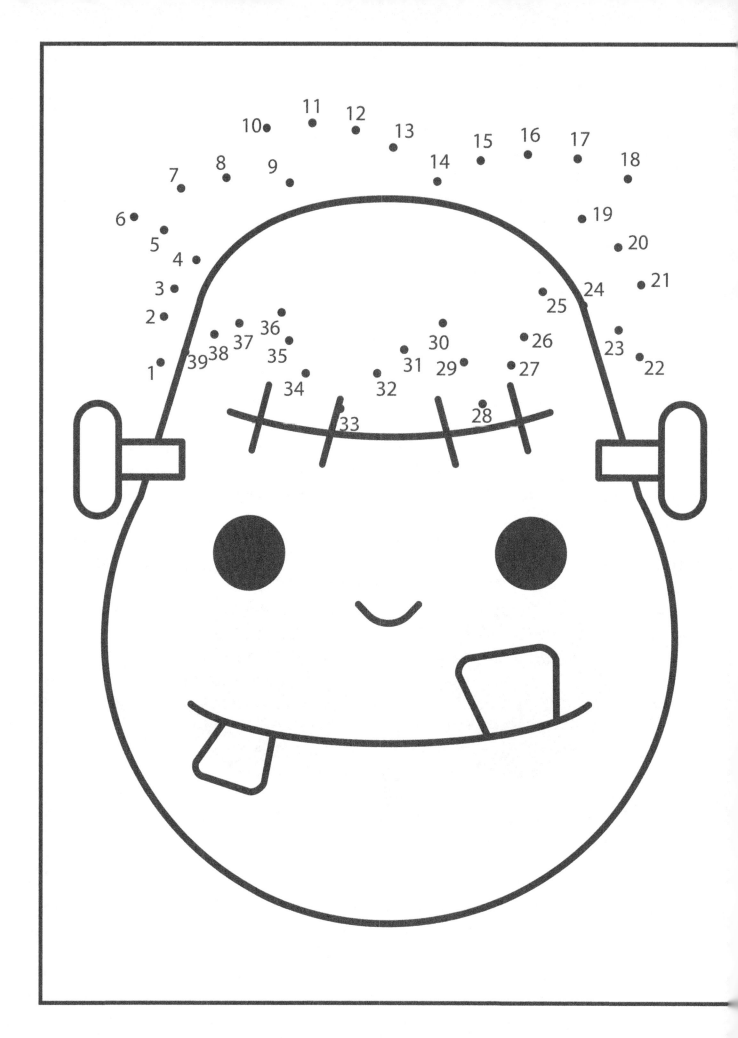

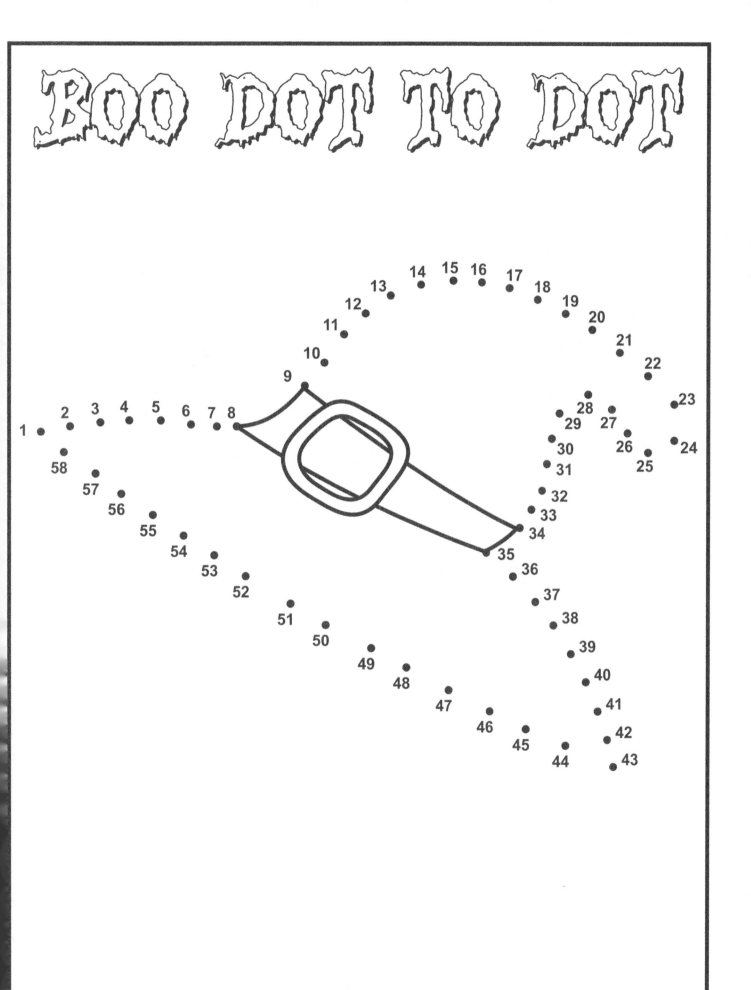

BOO DOT TO DOT

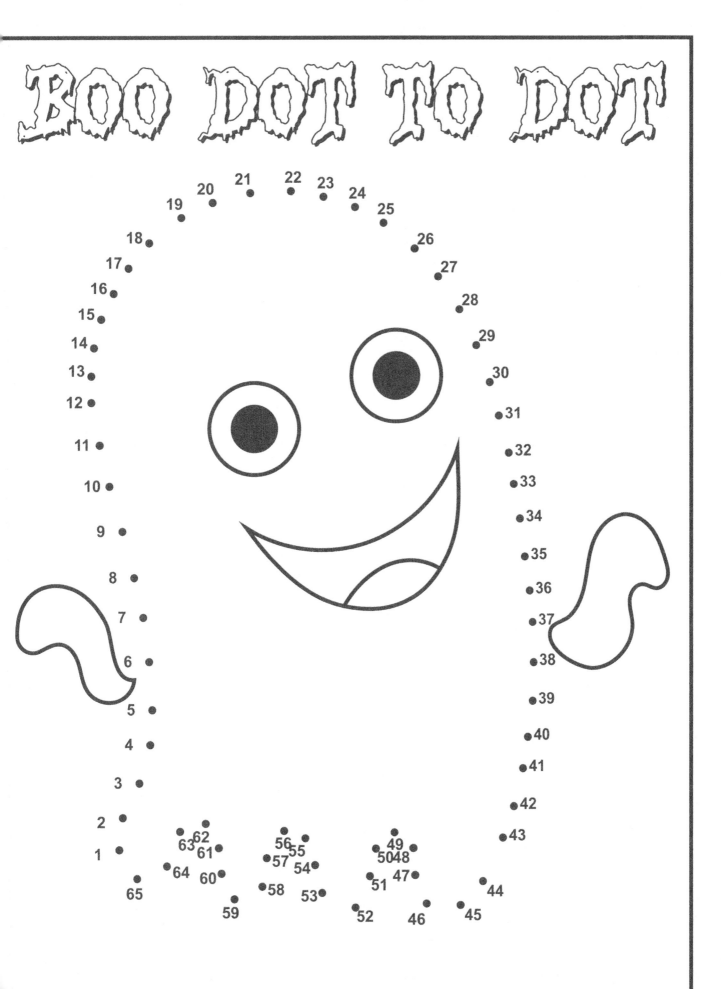

BOO DOT TO DOT

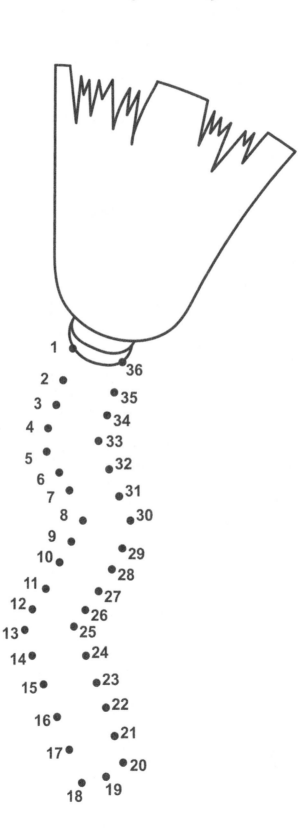

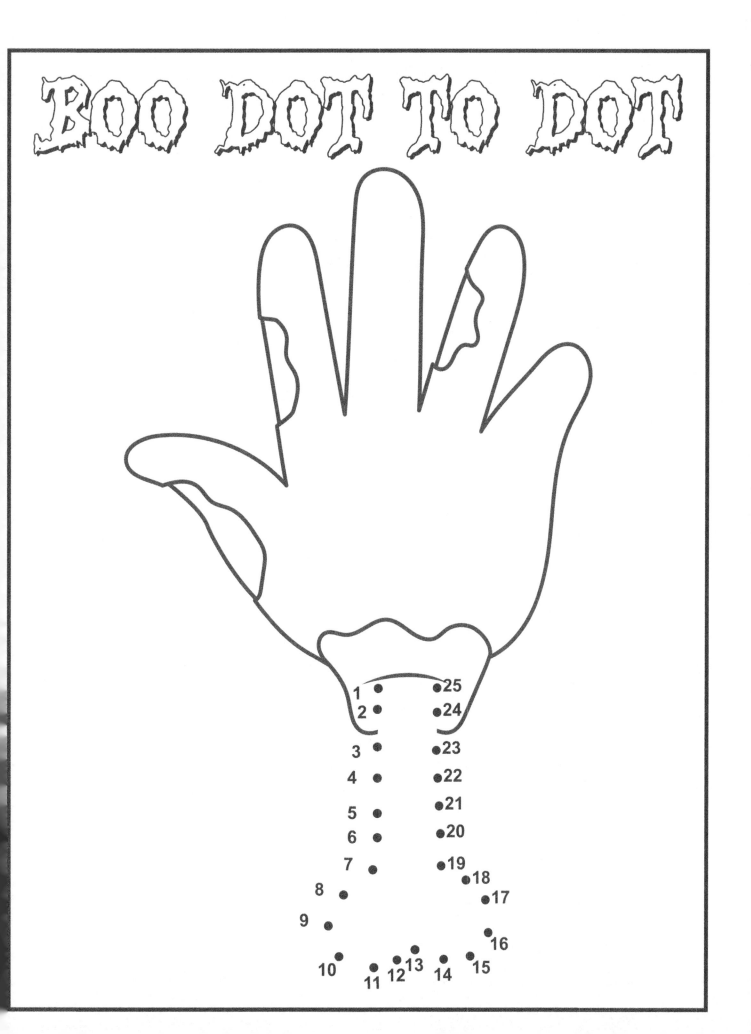

BOO DOT TO DOT

Mazes
GAMES

(I'm Lost ...)

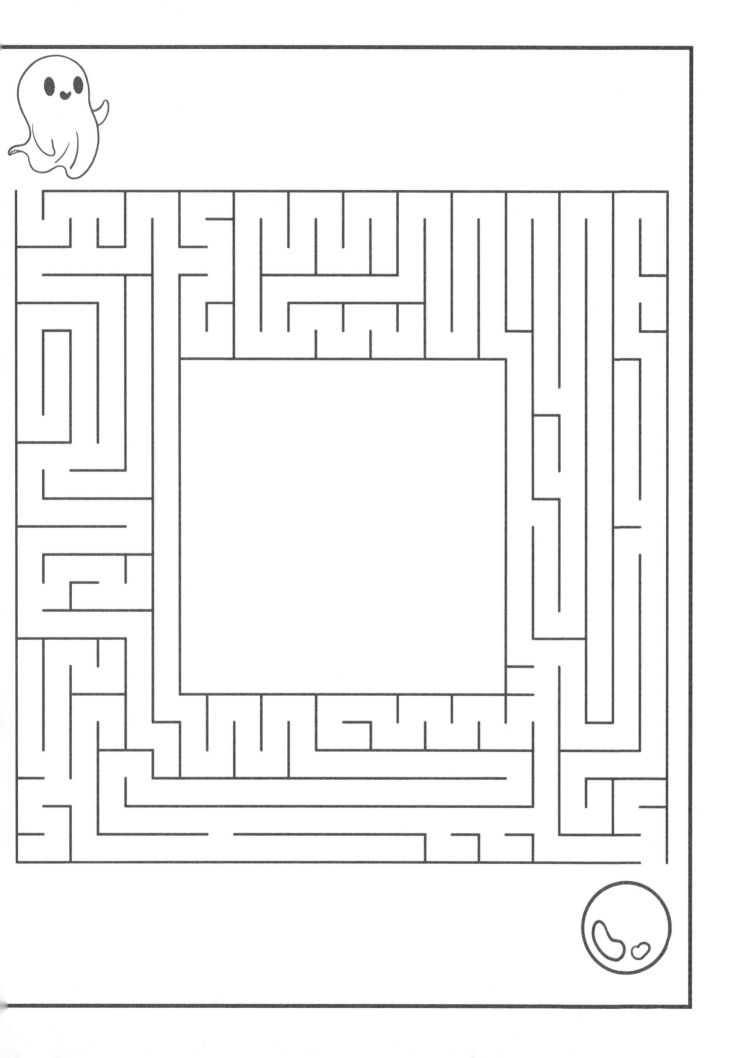

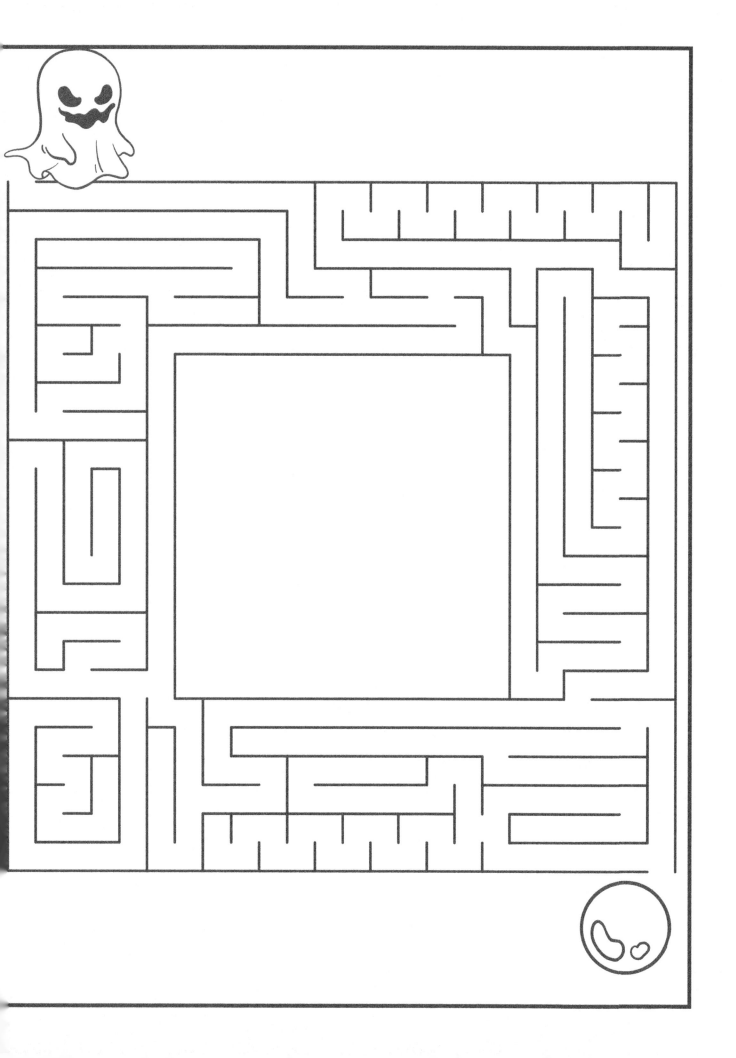

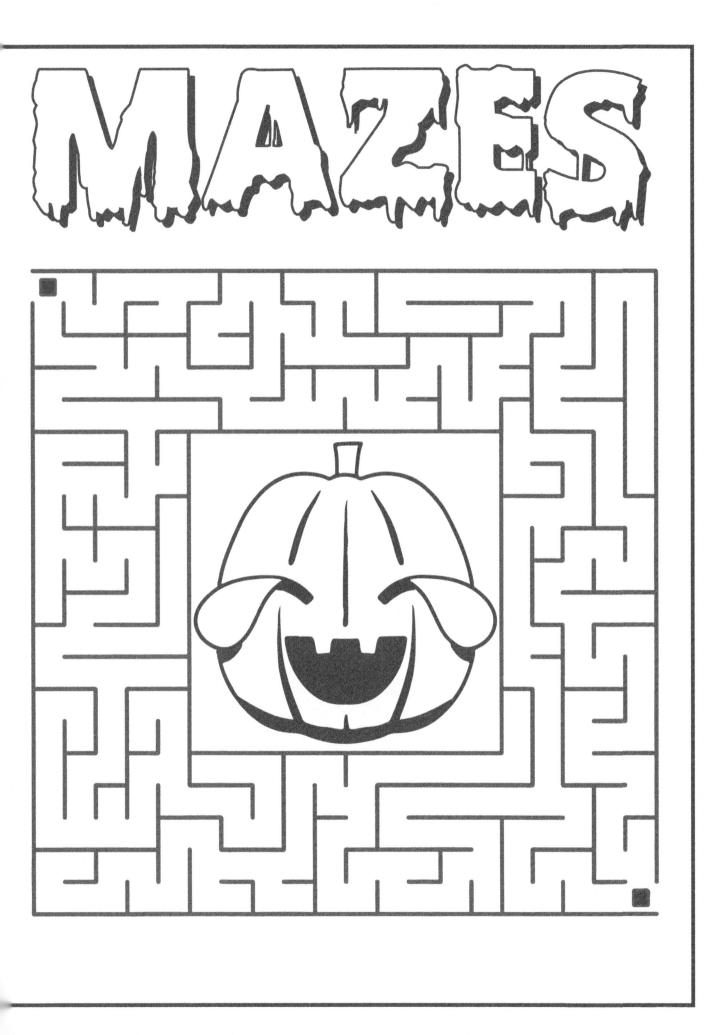

MAZES

MAZES

Sudokus GAMES

(More Numbers...)

#1

	9				8	3	2	4
4		5	2	3		9		
								8
		3	6	1				2
			8					
6			7	9	8			
5								
		8		2	6	4		7
9	6	4	8				3	

#2

6	5			8				2
		3	6			1	8	
	2	8				3		
				6	9			3
	8						1	
3			1	4				
		6				5	7	
	7	9			6	2		
8			1				9	4

#3

6				7				
5				8		7		
7	4	1	9	5				
	2			6	8			9
1			3					5
9		5	8			6		
			2	1	9	5		6
	1		4					3
			8					2

#4

		1	3		9			
	3		4	6	5	7		
		5					4	3
				8				
4	8	7	1	3	2	6		
			5					
	1	9				6		
		7	6	5	4			8
			1			7	3	

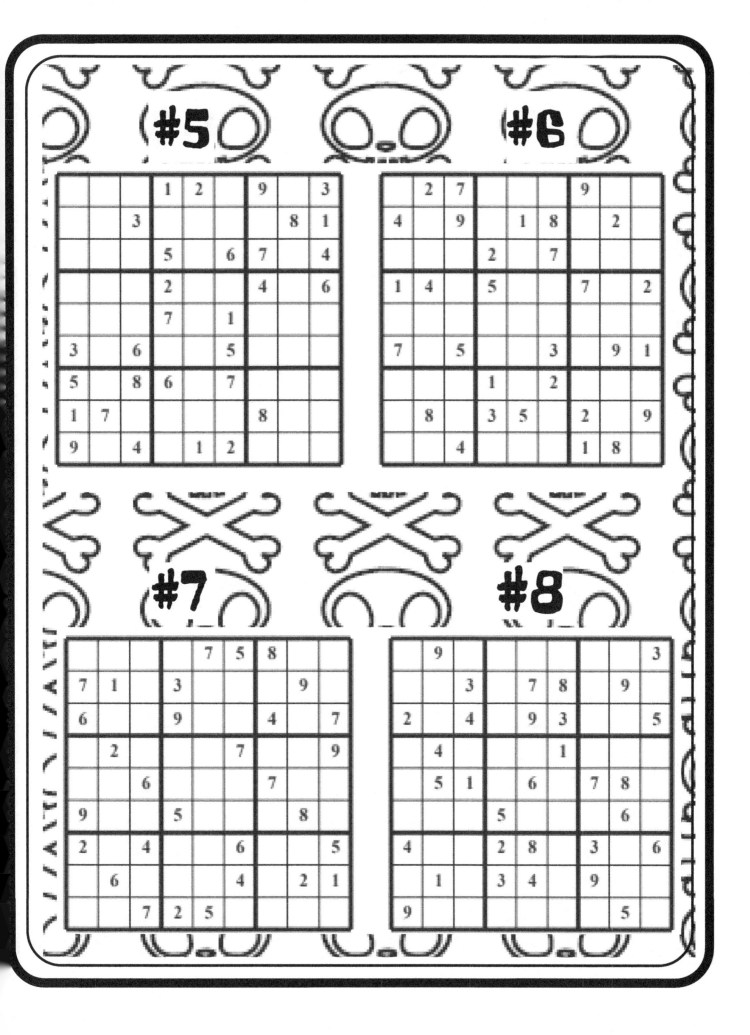

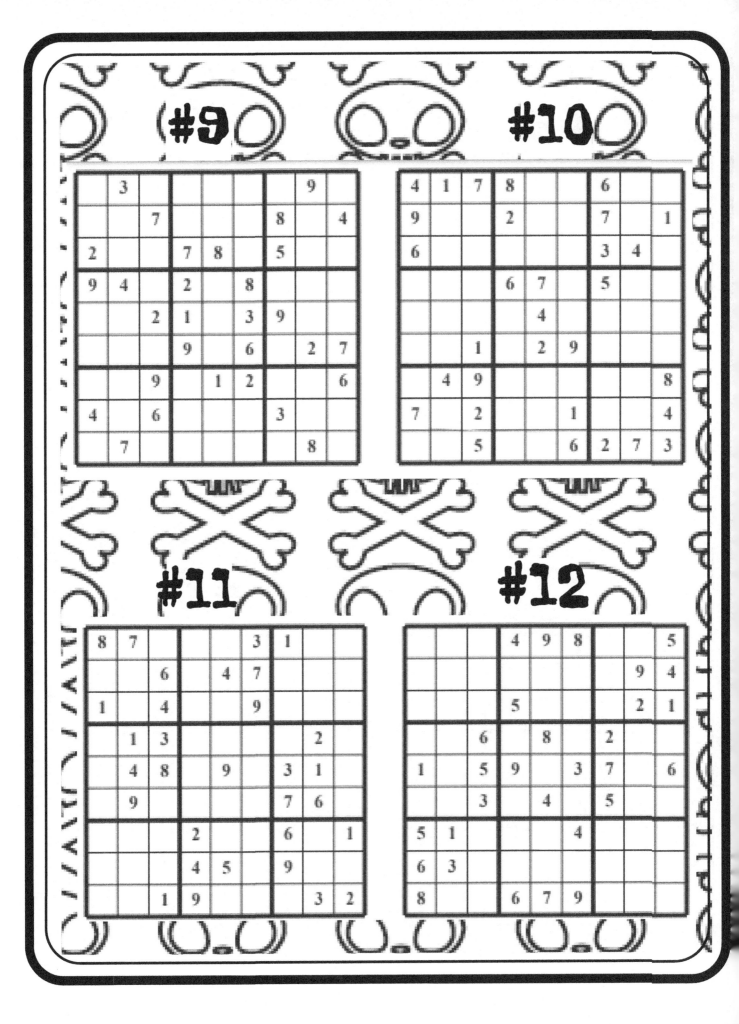

#9

	3						9	
		7				8		4
2			7	8		5		
9	4		2		8			
		2	1		3	9		
			9		6		2	7
		9		1	2			6
4		6				3		
	7						8	

#10

4	1	7	8			6		
9			2			7		1
6						3	4	
			6	7		5		
				4				
		1		2	9			
	4	9						8
7		2				1		4
		5			6	2	7	3

#11

8	7					3	1	
		6		4	7			
1		4			9			
	1	3					2	
	4	8		9		3	1	
	9					7	6	
			2			6		1
			4	5		9		
			1	9		3	2	

#12

			4	9	8			5
							9	4
			5				2	1
	6		8			2		
1		5	9		3	7		6
		3		4		5		
5	1					4		
6	3							
8			6	7	9			

#13

2	5	8	3	7			4	
4				5	2			
			6			5	2	
					7			6
		2				1		
5			4					
	6	9				1		
			9	3				8
	7			2	6	4	1	9

#14

5		2						
4	7			8	2	5	1	
				3	5			
9		5			3			
3	1						5	6
			4			8		9
			5	2				
	2	9	6	1			8	5
						6		7

#15

8			7		1		5	9
		9		3				8
	5				2			4
	9	8	6			7		
		4		8	9	2		
9			1				3	
6			5			4		
7	3			9		1		5

#16

		1	3			7		
		2		1			4	
	5	7		9	1			2
						6	3	
5			6		4			1
	6	2						
6			5	1		9	7	
	1		9			5		
		9				2	8	

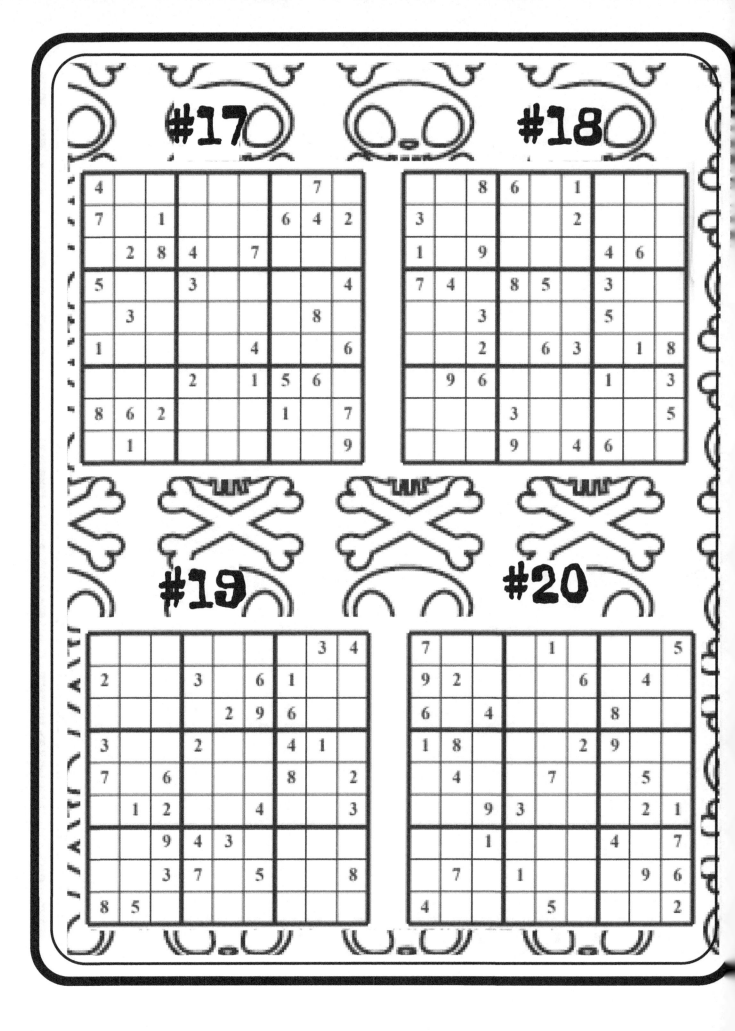

#17

4							7	
7		1				6	4	2
	2	8	4		7			
5			3					4
	3					8		
1				4				6
			2		1	5	6	
8	6	2				1		7
	1							9

#18

		8	6			1		
3					2			
1		9					4	6
7	4		8	5		3		
		3				5		
		2		6	3		1	8
	9	6				1		3
			3					5
			9		4	6		

#19

							3	4
2			3		6	1		
			2	9		6		
3			2			4	1	
7		6				8		2
	1	2		4				3
		9	4	3				
		3	7		5			8
8	5							

#20

7				1				5
9	2			6			4	
6		4				8		
1	8			2	9			
	4		7			5		
	9	3				2	1	
	1					4		7
	7		1				9	6
4			5					2

Solutions

(because you're a little bit nice..)

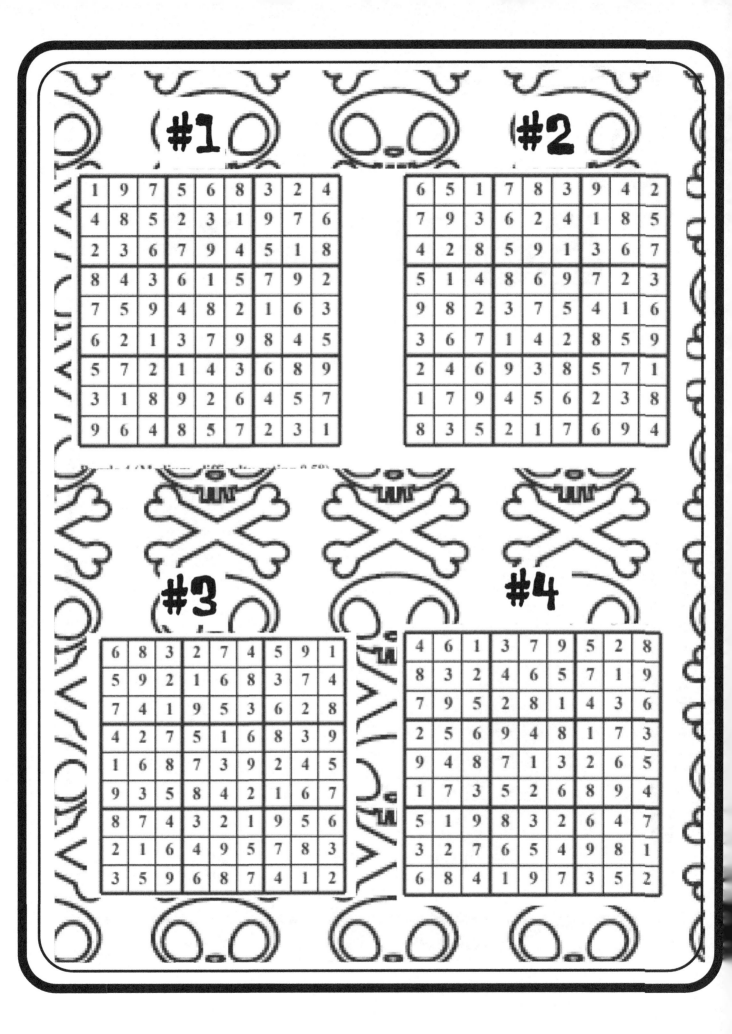

#1

1	9	7	5	6	8	3	2	4
4	8	5	2	3	1	9	7	6
2	3	6	7	9	4	5	1	8
8	4	3	6	1	5	7	9	2
7	5	9	4	8	2	1	6	3
6	2	1	3	7	9	8	4	5
5	7	2	1	4	3	6	8	9
3	1	8	9	2	6	4	5	7
9	6	4	8	5	7	2	3	1

#2

6	5	1	7	8	3	9	4	2
7	9	3	6	2	4	1	8	5
4	2	8	5	9	1	3	6	7
5	1	4	8	6	9	7	2	3
9	8	2	3	7	5	4	1	6
3	6	7	1	4	2	8	5	9
2	4	6	9	3	8	5	7	1
1	7	9	4	5	6	2	3	8
8	3	5	2	1	7	6	9	4

#3

6	8	3	2	7	4	5	9	1
5	9	2	1	6	8	3	7	4
7	4	1	9	5	3	6	2	8
4	2	7	5	1	6	8	3	9
1	6	8	7	3	9	2	4	5
9	3	5	8	4	2	1	6	7
8	7	4	3	2	1	9	5	6
2	1	6	4	9	5	7	8	3
3	5	9	6	8	7	4	1	2

#4

4	6	1	3	7	9	5	2	8
8	3	2	4	6	5	7	1	9
7	9	5	2	8	1	4	3	6
2	5	6	9	4	8	1	7	3
9	4	8	7	1	3	2	6	5
1	7	3	5	2	6	8	9	4
5	1	9	8	3	2	6	4	7
3	2	7	6	5	4	9	8	1
6	8	4	1	9	7	3	5	2

#5

6	4	7	1	2	8	9	5	3
2	5	3	4	7	9	6	8	1
8	9	1	5	3	6	7	2	4
7	1	5	2	8	3	4	9	6
4	2	9	7	6	1	5	3	8
3	8	6	9	4	5	2	1	7
5	3	8	6	9	7	1	4	2
1	7	2	3	5	4	8	6	9
9	6	4	8	1	2	3	7	5

#6

8	2	7	4	3	5	9	1	6
4	3	9	6	1	8	5	2	7
5	1	6	2	9	7	3	4	8
1	4	8	5	6	9	7	3	2
3	9	2	7	4	1	8	6	5
7	6	5	8	2	3	4	9	1
9	7	3	1	8	2	6	5	4
6	8	1	3	5	4	2	7	9
2	5	4	9	7	6	1	8	3

#7

3	4	9	6	7	5	8	1	2
7	1	2	3	4	8	5	9	6
6	5	8	9	2	1	4	3	7
5	2	3	4	8	7	1	6	9
4	8	6	1	9	2	7	5	3
9	7	1	5	6	3	2	8	4
2	9	4	8	1	6	3	7	5
8	6	5	7	3	4	9	2	1
1	3	7	2	5	9	6	4	8

#8

1	9	7	6	5	2	8	4	3
5	6	3	4	7	8	2	9	1
2	8	4	1	9	3	6	7	5
7	4	6	8	2	1	5	3	9
3	5	1	9	6	4	7	8	2
8	2	9	5	3	7	1	6	4
4	7	5	2	8	9	3	1	6
6	1	8	3	4	5	9	2	7
9	3	2	7	1	6	4	5	8

#9

5	3	8	4	6	1	7	9	2
6	9	7	3	2	5	8	1	4
2	1	4	7	8	9	5	6	3
9	4	1	2	7	8	6	3	5
7	6	2	1	5	3	9	4	8
8	5	3	9	4	6	1	2	7
3	8	9	5	1	2	4	7	6
4	2	6	8	9	7	3	5	1
1	7	5	6	3	4	2	8	9

#10

4	1	7	8	3	5	6	9	2
9	5	3	2	6	4	7	8	1
6	2	8	9	1	7	3	4	5
2	3	4	6	7	8	5	1	9
5	9	6	1	4	3	8	2	7
8	7	1	5	2	9	4	3	6
3	4	9	7	5	2	1	6	8
7	6	2	3	8	1	9	5	4
1	8	5	4	9	6	2	7	3

#11

8	7	9	6	2	3	1	5	4
5	2	6	1	4	7	8	9	3
1	3	4	5	8	9	2	7	6
7	1	3	8	6	5	4	2	9
6	4	8	7	9	2	3	1	5
2	9	5	3	1	4	7	6	8
9	5	7	2	3	8	6	4	1
3	6	2	4	5	1	9	8	7
4	8	1	9	7	6	5	3	2

#12

2	6	1	4	9	8	3	7	5
7	5	8	3	1	2	6	9	4
3	9	4	5	6	7	8	2	1
4	7	6	1	8	5	2	3	9
1	8	5	9	2	3	7	4	6
9	2	3	7	4	6	5	1	8
5	1	7	8	3	4	9	6	2
6	3	9	2	5	1	4	8	7
8	4	2	6	7	9	1	5	3

#13

2	5	8	3	7	9	6	4	1
4	3	6	1	5	2	9	8	7
7	9	1	6	8	4	5	2	3
9	4	3	2	1	7	8	5	6
6	8	2	5	9	3	1	7	4
5	1	7	4	6	8	3	9	2
8	6	9	7	4	1	2	3	5
1	2	4	9	3	5	7	6	8
3	7	5	8	2	6	4	1	9

#14

5	3	2	1	4	6	7	9	8
4	7	6	9	8	2	5	1	3
8	9	1	7	3	5	2	6	4
9	4	5	8	6	3	1	7	2
3	1	8	2	7	9	4	5	6
2	6	7	4	5	1	8	3	9
6	8	3	5	2	7	9	4	1
7	2	9	6	1	4	3	8	5
1	5	4	3	9	8	6	2	7

#15

8	2	7	4	1	6	3	5	9
4	6	9	7	3	5	2	1	8
1	5	3	9	8	2	6	7	4
5	9	8	6	2	1	7	4	3
2	7	6	3	4	9	5	8	1
3	1	4	5	7	8	9	2	6
9	4	5	1	6	7	8	3	2
6	8	1	2	5	3	4	9	7
7	3	2	8	9	4	1	6	5

#16

2	4	1	3	5	6	7	9	8
8	9	6	2	7	1	5	4	3
3	5	7	4	8	9	1	6	2
1	8	4	5	2	7	6	3	9
5	7	3	6	9	4	2	8	1
9	6	2	8	1	3	4	5	7
6	2	5	1	3	8	9	7	4
7	1	8	9	4	5	3	2	6
4	3	9	7	6	2	8	1	5

#17

4	9	3	1	6	2	8	7	5
7	5	1	9	8	3	6	4	2
6	2	8	4	5	7	9	1	3
5	7	6	3	1	8	2	9	4
2	3	4	6	9	5	7	8	1
1	8	9	7	2	4	3	5	6
9	4	7	2	3	1	5	6	8
8	6	2	5	4	9	1	3	7
3	1	5	8	7	6	4	2	9

#184

5	7	8	6	4	1	2	3	9
3	6	4	7	9	2	8	5	1
1	2	9	5	3	8	4	6	7
7	4	1	8	5	9	3	2	6
6	8	3	1	2	7	5	9	4
9	5	2	4	6	3	7	1	8
4	9	6	2	7	5	1	8	3
2	1	7	3	8	6	9	4	5
8	3	5	9	1	4	6	7	2

#19

9	6	5	8	7	1	2	3	4
2	8	7	3	4	6	1	5	9
4	3	1	5	2	9	6	8	7
3	9	8	2	6	7	4	1	5
7	4	6	1	5	3	8	9	2
5	1	2	9	8	4	7	6	3
1	7	9	4	3	8	5	2	6
6	2	3	7	1	5	9	4	8
8	5	4	6	9	2	3	7	1

#20

7	3	8	4	1	9	2	6	5
9	2	5	7	8	6	1	4	3
6	1	4	2	3	5	8	7	9
1	8	7	5	6	2	9	3	4
3	4	2	9	7	1	6	5	8
5	6	9	3	4	8	7	2	1
2	5	1	6	9	3	4	8	7
8	7	3	1	2	4	5	9	6
4	9	6	8	5	7	3	1	2

JOKES

HAHAHA

Boooo

Halloween Jokes

How do vampires get around on Halloween?

On blood vessels.

Halloween Jokes

Why did the Headless Horseman get a job?

He was trying to get ahead in life.

Halloween Jokes

How can you tell when a vampire has been in a bakery?

All the jelly has been sucked out of the jelly doughnuts.

Halloween Jokes

What do ghosts wear when their eyesight gets blurred?

Spooktacles.

Halloween Jokes

What would be the national holiday for a nation of vampires?

Fangs-giving!

Halloween Jokes

What's a zombie's favorite cereal?

Rice Creepies.

Made in the USA
Monee, IL
01 October 2022

15019207R00057